BEI GRIN MACHT SICH IHR WISSEN BEZAHLT

Bibliografische Information der Deutschen Nationalbibliothek:

Die Deutsche Bibliothek verzeichnet diese Publikation in der Deutschen National-
bibliografie; detaillierte bibliografische Daten sind im Internet über http://dnb.d-
nb.de/ abrufbar.

Impressum:

Copyright © 2009 GRIN Verlag, Open Publishing GmbH
Druck und Bindung: Books on Demand GmbH, Norderstedt Germany
ISBN: 9783640578696

Dieses Buch bei GRIN:

http://www.grin.com/de/e-book/147899/die-buendnispolitik-bismarcks-und-die-
emser-depesche-als-wegbereiter

Björn Saemann

Die Bündnispolitik Bismarcks und die Emser Depesche als Wegbereiter für die deutsche Einheit

GRIN Verlag

GRIN - Your knowledge has value

Der GRIN Verlag publiziert seit 1998 wissenschaftliche Arbeiten von Studenten, Hochschullehrern und anderen Akademikern als eBook und gedrucktes Buch. Die Verlagswebsite www.grin.com ist die ideale Plattform zur Veröffentlichung von Hausarbeiten, Abschlussarbeiten, wissenschaftlichen Aufsätzen, Dissertationen und Fachbüchern.

Besuchen Sie uns im Internet:

http://www.grin.com/

http://www.facebook.com/grincom

http://www.twitter.com/grin_com

Die Bündnispolitik Bismarcks

und die Emser Depesche als Wegbereiter für die

deutsche Einheit

Lehrveranstaltung: Bismarck

Verfasser: Björn Saemann

5. Semester

Abgabedatum: 07.03.2009

Inhaltsverzeichnis

I) Einleitung

Der erste Teil dieser Arbeit beschäftigt sich mit der Emser Depesche. Hierzu erläutere ich kurz wie es zu der Emser Depesche kam, danach vertrete und erläutere ich die These, dass die Emser Depesche ein wichtiger Wegbereiter zur deutschen Einheit war. Der zweite Teil dieser Arbeit handelt von der Bündnispolitik Bismarcks von seiner Ernennung zum ersten Kanzler des deutschen Reiches 1870 bis zu seiner Entlassung 1890. Für die gesamte Arbeit habe ich mich sowohl mit Texten aus der Zeit (sog. Primärquellen) wie auch Texten über die Zeit (sog. Sekundärquellen) beschäftigt. Die gesamte Arbeit ist chronologisch aufgebaut.

II.) Die Emser Depesche als Wegbereiter der deutschen Einheit

II.a.) Wie es zu der Emser Depesche kam, und wieso die Kürzung zum Krieg führen konnte

Die Emser Depesche gilt allgemein hin als Auslöser des deutsch-französischen Krieges – dem letzten der drei Einigungskriege. Doch wie kann ein einzelnes Telegramm zum Krieg führen? Um das zu verstehen, ist es wichtig die Vorgeschichte zu kennen.

1868 gab es in Spanien eine Revolution. Isabella II. Wurde vom Thron gestürzt. Sie war eine korrupte Königin und ging nach dem Putsch nach Frankreich ins Exil. Im Anschluss an die Revolution herrschte eine Militärjunta[1].[2]Die spanische Verfassung sah allerdings eine Monarchie vor und so musste der vakante spanische Thron neu besetzt werden. Die Königssuche gestaltete sich allerdings sehr schwierig. Viele denen die Krone angeboten wurde, lehnten diese ab. Dies geschah Teilweise aufgrund der Intervention Napoloens III. In dessen Interesse war es Alonso, den Sohn Isabellas und durch ihn das Haus Bourbon wieder auf den Thron zu bringen. 1869 wurde dann Leopold von Hohenzollern-Sigmaringen die Krone angeboten. König Wilhelm I. war zu dem Zeitpunkt das Oberhaupt des Hauses Hohenzollern, und hatte somit das Recht Einwand zu erheben, unterließ es aber.

„Zu Leopolds Gunsten ließ sich einiges anführen: Er war aktiver Offizier im preußischen Heer. Sein Bruder war vor kurzem mit Unterstützung Frankreichs zum Herrscher des neuen

---

[1]Eine Junta bezeichnet im spanischen und portugiesischen Raum eine Ratsversammlung. Eine Militärjunta ist eine Junta, die aus dem Militär besteht und in der Regel durch Putsch, Freiheitsbewegungen oder Rebellionen an die Macht kam

[2] Vgl. Palmer, S. 222

Fürstentums Rumänien ernannt worden; sein Schwager war König von Portugal; und er war
mit dem französischen Kaiser verwandt"³

Leopold fürchtete jedoch, dass der Thron zu unsicher sei und er von Aufständischen gestürzt und hingerichtet werden könnte und lehnte daher vorerst ab. Sein Vater Prinz Karl-Anton deutete jedoch an, dass das Thema noch einmal besprochen werden könnte, wenn die Zustimmung Napoleons III. und des Königs von Preußen für die Kandidatur vorliegen würde.

1870 war die Lage in Spanien sicherer und Leopold wurde erneut die Krone angeboten. Dieser stimmte unter einer Bedingung zu: Zwei Drittel der spanischen Cortes (Ständeversammlung) mussten für ihn stimmen. Wilhelm I. War zwar eigentlich gegen die Kandidatur, stimmte jedoch dennoch zu. Napoleon III. wurde nicht informiert.

Durch einen Fehler beim Dekodieren eines verschlüsselten Telegramms nach Madrid war die Cortes jedoch aufgelöst, als Leopold in Madrid eintraf und konnte somit nicht abstimmen.

Frankreich wurde im darauf folgenden Durcheinander von der Kandidatur informiert und war wenig begeistert. Gramont – damaliger französischer Außenminister Frankreichs – hielt eine erzürnte Rede und Bismarck witterte schon Krieg.⁴

Warum war Frankreich gegen Leopold auf dem Spanischen Thron?

Frankreich hatte Angst von preußischen Interessen eingekesselt zu werden. Leopold war aus dem Hause Hohenzollern, wie auch Wilhelm I.

Napoleon III. wäre also sowohl im Norden, als auch im Süden von Hohenzollern umgeben. In einem Krieg gegen Preußen müssten die Franzosen wertvolle Armeen im Süden ihres Landes stationieren um sich gegen eine mögliche Spanische Einmischung abzusichern.

Des Weiteren stünde auch eine spanisch-deutsche Personalunion irgendwann in Zukunft in Aussicht. Zudem hatte Napoleon mit Herzog von Gramont seit kurzem einen bekanntermaßen antipreußisch eingestellten Außenminister eingestellt, was in der Öffentlichkeit die Erwartung einer anti-preußischen Außenpolitik schürte.

Die genauen Ereignisse die nun folgten sind zu umfangreich um sie im Detail hier abzuhandeln, darum fasse ich sie zusammen.

Leopold wurde durch die französische Reaktion verunsichert und auch Wilhelm I. wollte wegen dieser Geschichte keinen Krieg mit Frankreich riskieren. Ohne das Wissen Bismarcks – der sich derzeit im Urlaub befand- reiste Wilhelm I. zu Karl-Anton von Hohenzollern-Sigmaringen und bat ihn die Kandidatur seines Sohnes zurück zu ziehen. Leopold und sein Sohn

---

3 Palmer, S. 223

4 Vgl. Palmer, S.229

waren damit einverstanden und Karl-Anton schickte sofort ein Telegramm zu Napoleon III und verkündete diesem den Verzicht auf den Thron.

Bismarck war davon alles andere als begeistert und überlegte zunächst sogar zurückzutreten. Er entschied sich jedoch dagegen, als er von der kriegslüsternen Stimmung in Frankreich hörte, da er weiterhin auf eine „diplomatische Dummheit" der französischen Regierung hoffte.[5] (Wieso Bismarck einen von Frankreich gestarteten Krieg gegen Preußen wollte wird weiter unten Erörtert)

Diese „Dummheit" lies auch nicht lange auf sich warten. Frankreich wollte sich nicht mit dem Rückzug der Kandidatur zufrieden geben. Daher beauftragte Gramont den französischen Botschafter Benedetti damit Wilhelm I. das Versprechen abzuringen dafür zu garantieren, dass er *„niemals seine Zustimmung zu der Kandidatur eines Hohenzollernprinzen auf den spanischen Thron"*[6] geben würde.

Wie aus der Depesche hervorging, lehnte Wilhelm I. dies ab. Jedoch nicht ohne die diplomatischen Gepflogenheiten zu achten. Benedetti war jedoch von der französischen Regierung instruiert worden auf dieses Versprechen zu bestehen und bat daher um eine erneute Audienz um noch einmal darüber zu sprechen. Wilhelm I. ließ jedoch durch einen Adjutanten ausrichten, dass es nichts mehr zu besprechen gäbe. Durch die Kürzung der Depesche wirkte dies jedoch anders. Für Frankreich musste es so aussehen, als hätte der König dem Botschafter nicht einmal eine Audienz gewährt und jedes weitere Gespräch kategorisch abgelehnt.

Die gekürzte Depesche wurde von Bismarck in der Zeitung veröffentlicht, mit der Absicht Frankreich damit zu einer Kriegserklärung zu provozieren.

Nun befand sich Frankreich in einer schwierigen Situation. Das schärfste diplomatische Mittel war schon ausgesprochen, Napoleon III. brauchte dringend einen außenpolitischen Erfolg, um nicht Gefahr zu laufen gestürzt zu werden: In der Presse war die Depesche schließlich auch schon bekannt.

Außerdem war ein Krieg gegen Preußen nach französischer -und allgemein europäischer- Einschätzung auch leicht zu gewinnen. Wahrscheinlich wurde bei den Überlegungen die Heeresreform nicht berücksichtigt, mit Sicherheit aber waren die Schutz- und Trutzbündnisse nicht bekannt und daher wurde die militärische Stärke Preußens von Napoleon unterschätzt.

---

5 Vgl. Palmer, S. 230-231

6 Palmer, S. 233

Somit erklärte Frankreich – wie von Bismarck erwartet und forciert – den Krieg. Preußen hatte somit keine Handlungsalternative und stand nach außen hin auch nicht als Aggressor da. Mit dem Trumpf der Bündnisse siegte Preußen über Frankreich. Nach dem erfolgreichen Kriegsverlauf konnte Bismarck die süddeutschen Staaten zum Eintritt in den kleindeutschen Nationalstaat bewegen. Wilhelm I. wurde dann in Versailles zum deutschen Kaiser gekrönt.

II.b.) Bismarcks Gründe zur Kürzung der Depesche

Bismarck hatte gute Gründe, die ursprüngliche Depesche zu kürzen:
Zum Wohle Preußens wollte er die deutsche Einheit forcieren. Das beste Mittel dafür war in Bismarcks Augen ein Krieg gegen Frankreich, wie im Folgenden erörtert wird:
Die norddeutschen Staaten waren schon durch den Norddeutschen Bund eng mit Preußen verbunden, da hingegen waren die süddeutschen Staaten Bayern, Württemberg, Baden und das Großherzogtum Hessen noch unabhängig. Für Bismarck bedeutete dies ein potentieller Risikofaktor für die Sicherheit Preußens. Zum einen war Preußen ohne diese Staaten Frankreich unterlegen, und zum anderen könnten diese Staaten sich unter Umständen bei einem Krieg auf die Seite der Franzosen begeben. Um dies zu unterbinden und das Schutzbedürfnis Preußens, wie auch der süddeutschen Staaten zu befriedigen wurden 1866/67 die geheimen Schutz- und Trutzbündnisse zwischen Preußen und den oben genannten Staaten abgeschlossen. In diesen Bündnissen verpflichteten sich beide Vertragspartner im Falle eines Krieges einander mit voller Kriegsmacht beizustehen. Aufgrund der stärkeren Stellung konnte Bismarck die oberste Heerführung für Preußen beanspruchen. Das bedeutet, dass im Falle eines Krieges einer beliebigen dritten Macht mit den süddeutschen Staaten oder mit Preußen die vereinte Militärmacht Preußen unterstellt werden würde. Des Weiteren haben sich die Vertragspartner verpflichtet das Bündnis geheim zu halten, was anhand der später vollkommen falsch eingeschätzten Siegeschancen Frankreichs offensichtlich auch gelungen ist. Ein weiterer wichtiger Punkt, warum Bismarck einen Sieg gegen Frankreich für wahrscheinlich einschätzte, war die erst kurz zurückliegende Heeresreform Preußens unter Kriegsminister Albrecht von Roon. Inhalte der Reform waren unter anderem die Verlängerung der Dienstzeit und die Erhöhung der Rekrutenzahl.

Ein gemeinsamer Krieg und Sieg Preußens und der süddeutschen Staaten gegen ein anderes Land würde - so glaubte Bismarck - die Vertragspartner einander näher bringen und somit Preußen mehr Macht und Sicherheit geben.

Die Depesche bekam Bismarck während eines Essens mit Roon und Moltke. Allesamt seien sie über die Depesche sehr unglücklich gewesen und Roon wollte unbedingt noch in seiner Amtszeit das neu reformierte Heer in die Schlacht führen. Vielleicht war auch die enge Freundschaft zu Roon ein Grund einen deutsch-französischen Krieg zu forcieren, damit dieser seinen „Herzenswunsch" erfüllt bekam.

III.) Die Ziele bismarkscher Außenpolitik im deutschen Kaiserreich

Durch das Erreichen der kleindeutschen Lösung hatte das neue Kaiserreich ein Problem: Es ist nun zu einer sehr großen Macht im Zentrum Europas geworden. Die anderen europäischen Länder könnten befürchten, dass das Reich weitere expansionistische Ambitionen an den Tag legen würde und ihrerseits versuchen diesen durch einen Krieg vorzubeugen. Um dies zu verhindern erklärte Bismarck das Kaiserreich für „saturiert", also gesättigt. Damit wollte Bismarck ausdrücken, dass das Reich mit den aktuellen Grenzen zufrieden ist und keinerlei Ambitionen hat weiter zu expandieren. Trotzdem fürchtete sich Bismarck vor antideutschen Koalitionen. Im Kissinger Diktat von 1877 formuliert er die für ihn „wünschenswerte[n] Ergebnisse der orientalischen Krisis"[7]. Des Weiteren stammt aus dem Diktat auch folgende berühmte Formulierung, welche die deutsche Außenpolitik dieser Zeit treffend beschreibt: „[Das Bild], welches mir vorschwebt: nicht das irgend eines Ländererwerbes, sondern das einer politischen Gesamtsituation, in welcher alle Mächte außer Frankreich unser bedürfen, und von Koalitionen gegen uns durch ihre Beziehungen zueinander nach Möglichkeit abgehalten werden."

Von diesem Leitsatz ist die gesamte deutsche Außenpolitik Bismarcks geprägt. In den Jahren zwischen 1870 und 1890 entwickelte Bismarck ein kompliziertes Netz an Bündnissen, welches dafür sorgte, dass es zwar nie zu einem Krieg kam, aber an verschiedenen stellen kleine Krisen köchelten (z.B. die Balkankrise zwischen Österreich-Ungarn und Russland), so dass zum einen die Aufmerksamkeit vom Zentrum Europas – und somit vom Kaiserreich – abgelenkt war, und zum anderen auch alle großen Mächte (bis auf Frankreich) Bündnisse mit dem deutschen Kaiserreich hatten. Im Folgenden möchte ich auf diese Bündnisse eingehen, sie vorstellen und erläutern.

---

7 Kissinger Diktat, 1877, siehe Anhang

IV.) Das Bündnissystem Bismarcks

IV.a.) Das Dreikaiserabkommen

Zwischen dem 25. Mai und dem 6. Juni 1873 initiierte Bismarck das Dreikaiserabkommen zwischen dem Kaiserreich, Österreich-Ungarn und Russland. Zunächst waren nur Österreich-Ungarn und Russland involviert. Der deutsche Kaiser trat erst am 22. Oktober 1873 bei. Das Dreikaiserabkommen war ein so genanntes Konsultativabkommen, also ein beratendes Abkommen, das die Länder verpflichtete, sich in Krisensituationen miteinander abzusprechen. Ziel war es *„den gegenwärtig in Europa herrschenden Friedenszustand zu befestigen"*[8] In diesem Fall verpflichteten sich die drei Vertragspartner im Falle eines Angriffes einer dritten Macht, sich erst untereinander zu verständigen *„um sich so über eine gemeinsam zu verfolgende Linie zu einigen"*[9] und keine Bündnisse mit einem anderen Land zu ersuchen oder abzuschließen. Bismarck hat somit erreicht, dass Frankreich keine Allianz mit Russland abschließen konnte und es so in Folge dessen weiter isoliert wurde.[10] Der Vertrag endete mit der Balkankrise. Bedingt dadurch, dass das deutsche Kaiserreich jedoch mit Russland und Österreich-Ungarn diesen Vertrag hatte, konnte es sich in der Krise neutral verhalten und Bismarck konnte so als selbst ernannter *„ehrliche[r] Makler"*[11] im Rahmen des Berliner Kongresses von 1878 zwischen den beiden Parteien vermitteln. Russland fühlte sich jedoch ungerecht behandelt und kündigte das Dreikaiserabkommen auf.

IV.b.) Der Zweibund

Als Reaktion auf das zerbrochene Dreikaiserabkommen sah sich Bismarck genötigt das Kaiserreich vor einem eventuellen Krieg mit Russland zu schützen. Russland war wie schon erwähnt nach dem Berliner Kongress sehr unzufrieden und fühlte sich vom Kaiserreich ungerecht behandelt. Am 7.10.1879 schloss Bismarck den Zweibund mit Österreich-Ungarn ab, welcher im Falle eines Verteidigungskrieges gegen Russlands die jeweiligen Vertragspartner dazu verpflichtete einander mit der gesamten Kriegsmacht beizustehen. Dies galt auch dann, wenn Russland eine andere angreifende Macht unterstützen sollte. In jedem anderen Kriegsfall verpflichteten sie sich zu wohlwollender Neutralität:

---

8 Persönliche Erklärung des Kaisers von Österreich und Königs von Ungarn und dem Kaiser aller Reußen (Russen) vom 25.Mai/ 6.Juni 1873, in: Schwertfeger, S.215/216

9 Ebd.

10 Vgl., Palmer, S. 275

11 Reichstagsrede Bismarcks vom 19. Februar 1878, in: Schwertfeger, S. 13

„Sollte wider Verhoffen und gegen den aufrichtigen Wunsch der beiden Hohen Kontrahenten Eines der beiden Reiche von Seiten Rußlands angegriffen werden, so sind die Hohen Kontrahenten verpflichtet, einander mit der gesamten Kriegsmacht Ihrer Reiche beizustehen"[12] Des Weiteren war das Ziel dieses Zweibundes Russland darauf aufmerksam zu machen, dass ihm eine Isolation drohte, und es dadurch wieder an das Kaiserreich anzunähern. Dieses Ziel erreichte der Zweibund schon 1881 mit dem Abschluss des Dreikaiserbundes.

IV.c.) Der Dreibund

Der Dreibund ist lediglich eine Erweiterung des Zweibundes um Italien. Am 20.4.1882 trat Italien dem Zweibund bei. Dadurch war der Neuaufbau des bismarckschen Bündnissystems nach dessen Zusammenbruch aufgrund des Verlaufes des Berliner Kongresses abgerundet. Der Abschluss wurde durch die italienischen Konflikte aufgrund ihrer Kolonialpolitik in Afrika begünstigt. In Tunesien hatte Italien mit Frankreich und in Ägypten mit Großbritannien Konflikte gehabt. Italiens Hoffnung auf Hilfe in diesen Konflikten durch den Dreibund blieben allerdings weitestgehend unerfüllt. Für Bismarck war Italien aus zwei Gründen ein interessanter Bündnispartner. Zum einen entschärfte sich dadurch die Situation zwischen Österreich-Ungarn und Italien auf dem Balkan und an der Adriaküste und ein möglicher Krieg zwischen den beiden Parteien wurde abgewendet. Zum anderen war die geographische Lage Italiens interessant für einen deutsch-französischen Krieg. Wenn Bismarck Italien für einen solchen Krieg als Bündnispartner hätte, würde dies die Entlastung der Südflanke des Kaiserreichs bedeuten. Dies wird auch im Vertrag im Artikel II festgehalten: *„In dem Fall, wo Italien ohne unmittelbare Herausforderung [...] von Frankreich angegriffen werden sollte, sollen die beiden anderen vertragschließenden Parteien [...] der angegriffenen Partei mit allen ihren Kräften Hilfe und Beistand [...] leisten. Diese gleiche Verpflichtung soll Italien im Falle eines [...] Angriffs Frankreichs gegen Deutschland obliegen"*[13]
Später, am 30.10.1883, trat Rumänien dem Dreibund bei. Er wurde bis 1912 alle fünf Jahre erneuert. Mit der Kriegserklärung Italiens an Österreich-Ungarn und somit Italiens Eintritt in den ersten Weltkrieg zerbrach der Dreibund letztendlich. Doch auch schon vorher baute Bismarck kaum noch auf ihn, und setzte stattdessen mehr auf die Beziehung zu Österreich-Ungarn.

---

12 Der deutsch-österreich-ungarische Bündnisvertrag vom 7. Oktober 1879, in: Bussmann, S. 23/24

13 Der Dreibundvertrag abgeschlossen zwischen dem Deutschen Reich, Österreich-Ungarn und Italien vom 20. Mai 1882, in: Bussmann, S. 29

IV.d.) Der Dreikaiserbund

Das Aufkündigen des Dreikaiserabkommens machte es für Bismarck nötig ein neues Bündnis an dessen Stelle zu setzen. 1881 schloss er dann ein geheimes Neutralitätsabkommen zwischen dem Kaiserreich, Österreich-Ungarn und Russland ab, den so genannten Dreikaiserbund. *„In dem Falle, wo eine der hohen vertragschließenden Parteien sich mit einer vierten Großmacht im Kriege befinden würde, werden die beiden andern ihr gegenüber eine wohlwollende Neutralität aufrechterhalten und ihre Tätigkeit der örtlichen Begrenzung des Streitfalles widmen."[14]* Für Bismarck bedeutete dies vor allem die Sicherheit, dass Russland in einem potentiellen Deutsch-Französischen Krieg neutral bleiben würde. Russland konnte sich seinerseits in einem Krieg gegen Großbritannien bezüglich der Vorherrschaft an der Meerenge beim Osmanischen Reich der Neutralität des Kaiserreiches sicher sein. Bezüglich der Krise am Balkan verpflichteten sich die Bündnispartner zur Konsultation untereinander. (*„Darüber hinaus versprechen sie sich, daß neue Veränderungen in dem territorialen Besitzstande der europäischen Türkei sich nur auf Grund eines gemeinsamen Abkommens zwischen ihnen sollen vollziehen können."*) Der Vertrag war ursprünglich für drei Jahre befristet, wurde dann 1884 in St. Petersburg allerdings noch einmal verlängert. Im Zuge der bulgarischen Krise 1885/86 zerbrach das Bündnis jedoch aufgrund der unüberbrückbaren Differenzen zwischen Österreich-Ungarn und Russland auf dem Balkan.

IV.e.) Der Rückversicherungsvertrag mit Russland

Das Dreikaiserabkommen war also unwiderruflich gescheitert, auch wenn Bismarck dies gar nicht gerne sah. *„Wir müssen das Dreikaiserbündnis weiterspinnen, solange ein Faden daran ist"[15]*, soll er gesagt haben. Der am 18. Juni 1887 geschlossene Rückversicherungsvertrag zwischen dem deutschen Kaiserreich und Russland ersetzte zumindest die deutsch-russische Seite des gescheiterten Bündnisses. Der Rückversicherungsvertrag war in erster Linie ein geheimes Neutralitätsabkommen. *„Für den Fall, daß eine der hohen vertragschließenden Parteien sich mit einer dritten Großmacht im Kriege befinden sollte, wird die andere eine wohl-*

---

14 Das Drei-Kaiser-Bündnis zwischen dem deutschen Kaiserreich, Österreich-Ungarn und Russland vom 18. Juni 1881, in: Bussmann, S. 27

15 Der Rückversicherungsvertrag zwischen dem deutschen Kaiserreich und Russland vom 18. Juni 1887, in: Haselmayr, S. 122

wollende Neutralität bewahren [...]."[16] Allerdings wurde ein deutscher Angriffskrieg gegen Frankreich und ein russischer Angriffskrieg gegen Österreich-Ungarn dabei ausgeklammert.

Es gab noch ein *„ganz geheimes Zusatzprotokoll"*[17], in welchem das deutsche Kaiserreich versicherte die russischen Interessen auf dem Balkan diplomatisch zu unterstützen und im Kriegsfalle *„wohlwollende Neutralität"*[18] zu wahren. Damit unterstützte Bismarck letztendlich ein mögliches Vordringen Russlands an die türkischen Meerengen und provozierte einen Kriegsfall. Um dies zu umgehen sorgte er jedoch kurze Zeit später für die Mittelmeerentente, die den Status Quo erhalten sollte. Der Grund Bismarcks den Rückversicherungsvertrag abzuschließen liegt im Zerbrechen des Dreibundes im Verlauf der Bulgarischen Krise von 1885/86. Bismarck musste verhindern, dass Russland und Frankreich sich einander annähern. Der Vertrag war auf drei Jahre abgeschlossen. Die Erneuerung scheiterte 1890 an Wilhelm II., der den Vertrag nicht bestehen lassen wollte, obwohl Russland auf das geheime Zusatzprotokoll verzichtete. Dabei ist interessant, dass Wilhelm II. eigentlich für die Verlängerung war, sich allerdings von seinen Beratern Caprivi und Schweinitz zur Nichtverlängerung überreden ließ.[19]

IV.f.) Die Mittelmeerentente

Die Mittelmeerentente wurde auch „Orientdreibund" genannt. Sie wurde 1887 von Bismarck gefördert und war ein Bund zwischen England, Österreich-Ungarn und Italien. Ziel der Entente war es, die bestehenden Verhältnisse auf dem Balkan und dem Mittelmeerraum insgesamt aufrecht zu erhalten und vor Russland zu schützen. Sollten diese bedroht werden, waren die Vertragspartner einander zum Beistand verpflichtet. Bismarcks Gründe zur Förderung der Entente waren primär die Heranführung Großbritanniens an den Dreibund. Bismarck schrieb dazu am 22. November 1887 einen langen Brief an den englischen Premierminister Lord Salisbury, in dem er die Stärke der deutschen (Defensiv-)Armee hervorhob, aber auch den saturierten Charakter des deutschen Kaiserreichs unterstrich. Das Kaiserreich sei wie Österreich-Ungarn und England saturiert, d.h. habe kein Interesse zu expandieren.[20] Das Ergebnis des

16 Ebd.

17 Ebd, S. 123

18 Ebd, S.123

19 Vgl. Brandenburg, S. 47-48

20 Brief Bismarcks an den englischen Premierminister Lord Salisbury vom 22. November 1887, in: Bussmann, S. 53-57

Briefs war der Orientdreibund.[21] Allerdings trat Großbritannien dem Dreibund niemals bei, so dass das langfristige Ziel Bismarcks in diesem Fall verfehlt wurde. Die Mittelmeerentente blieb bis 1896 bestehen.

Fazit

Bismarck hat in den 20 Jahren seiner Politik als erster deutscher Kanzler ein umfangreiches und aufeinander aufbauendes Bündnissystem geschaffen, das seinesgleichen sucht. Er hat die gespannten Verhältnisse verschiedener europäischer Staaten zueinander erkannt, ausgenutzt und sogar forciert, so dass es zwar nie zu einem großen Krieg kam, allerdings ständig Krisen am Rand Europas die Aufmerksamkeit vom Kaiserreich ablenkten, oder die deutsche Diplomatie erforderten. Bismarcks Politik als eine Friedenspolitik zu bezeichnen, ginge an der Realität vorbei, aber während seiner Amtszeit hat sie ihren Zweck erfüllt. Ob ein Krieg in Europa auf Dauer aber vermeidbar gewesen wäre, auch wenn Bismarck weiterhin die deutschen Geschicke geleitet hätte, bezweifle ich allerdings. Doch mit einem ähnlich taktierendem Kanzler wie Bismarck und einem etwas besonnenerem Kaiser als Wilhelm II. wäre das deutsche Kaiserreich möglicherweise nicht Mittelpunkt und Mitauslöser des ersten Weltkrieges geworden.

---

21 Ebd, S. 57-58

Literatur- und Quellenverzeichnis

Buchquellen

* Canis, Konrad: Bismarcks Außenpolitik 1870-1890: Aufstieg und Gefährdung, München 2004

* Hildebrand, Klaus: Das vergangene Reich : deutsche Außenpolitik von Bismarck bis Hitler 1871 – 1945, Stuttgart 1995.

* Bismarck und die preußisch-deutsche Politik, 1871–1890, hg. von Michael Stürmer, München 1973.

* Der große Ploetz, 34. Auflagen, Freiburg im Breisgau, 2005.

* Schwertfeger, Bernhard, Die Doplomatischen Akten des Auswärtigen Amtes 1871-1914. Ein Wegweiser durch das große Aktenwerk der Deutschen Regierung, I. Teil, Die Bismarck-Epoche 1871-1890, Berlin 1923.

* Bussmann, Walter, Quellen- und Arbeitshefte für den Geschichtsunterricht. Die auswärtige Politik des deutschen Reiches unter Bismarck 1871/1890, Stuttgart 1958.

* Haselmayr, Friedrich, Diplomatische Geschichte des Zweiten Reichs von 1871-1918, Die Wahrung des europäischen Friedens durch Bismarck in der Bulgarienkrise von 1885-1888, Die Ära des Friedenskanzlers (1871-1890), 3. Buch, München 1957.

* Brandenburg, Erich, Von Bismarck zum Weltkrieg, Darmstadt 1967 (Unveränderter reprografischer Nachdruck der neuen, vermehrten Ausgabe Leipzig 1939).

Internetquellen

* http://geschichtsverein-koengen.de/WeltReaktion.htm , 07.03.2009

* http://www.derweg.org/deutschland/geschichte/deutschland1815-1918.html , 07.03.2009

* http://www.dhm.de/lemo/html/kaiserreich/aussenpolitik/buendnissystem/index.html , 07.03.2009

* http://aeiou.iicm.tugraz.at/aeiou.encyclop.d/d854117.htm, 07.03.2009

* http://www.traditionsverband.de/helgo.html , 07.03.2009

Anhang

A.a) Telegramm des Geheimrats Heinrich Abeken an den Bundeskanzler Graf von Bismarck vom 13. Juli 1870.

Ems, den 13. Juli 1870.

Seine Majestät der König schreibt mir:

„Graf Benedetti fing mich auf der Promenade ab, um auf zuletzt sehr zudringliche Art von mir zu verlangen, ich sollte ihn autorisiren, sofort zu telegraphiren, dass ich für alle Zukunft mich verpflichtete, niemals wieder meine Zustimmung zu geben, wenn die Hohenzollern auf ihre Candidatur zurückkämen.

Ich wies ihn zuletzt, etwas ernst, zurück, da man à tout jamais dergleichen Engagements nicht nehmen dürfe noch könne.

Natürlich sagte ich ihm, dass ich noch nichts erhalten hätte und da er über Paris und Madrid früher benachrichtigt sei als ich, er wohl einsähe, dass mein Gouvernement wiederum ausser Spiel sei."

Seine Majestät hat seitdem ein Schreiben des Fürsten bekommen.

Da Seine Majestät dem Grafen Benedetti gesagt, dass er Nachricht vom Fürsten erwarte, hat Allerhöchstderselbe, mit Rücksicht auf die obige Zumuthung, auf des Grafen Eulenburg und meinen Vortrag, beschlossen, den Grafen Benedetti nicht mehr zu empfangen, sondern ihm nur durch einen Adjutanten sagen zu lassen: dass Seine Majestät jetzt vom Fürsten die Bestätigung der Nachricht erhalten, die Benedetti aus Paris schon gehabt, und dem Botschafter nichts weiter zu sagen habe.

Seine Majestät stellt Eurer Excellenz anheim, ob nicht die neue Forderung Benedetti's und ihre Zurückweisung sogleich, sowohl unsern Gesandten, als in der Presse mitgetheilt werden sollte.

A.b.) Vom Bundeskanzler Graf von Bismarck redigierte Pressefassung des Telegramms aus Ems *vom* 13. Juli 1870

Nachdem die Nachricht von der Entsagung des Erbprinzen von Hohenzollern der Kaiserlich Französischen Regierung von der Königlich Spanischen amtlich mitgetheilt worden sind, hat der Französische Botschafter in Ems an S. Maj. den König noch die Forderung gestellt, ihn zu autorisiren, dass er nach Paris telegraphire, dass S. Maj. der König sich für alle Zukunft verpflichte, niemals wieder seine Zustimmung zu geben, wenn die Hohenzollern auf ihre Kandidatur wieder zurückkommen sollten.

Seine Maj. der König hat es darauf abgelehnt, den Franz. Botschafter nochmals zu empfangen, und demselben durch den Adjutanten vom Dienst sagen lassen, dass S. Majestät dem Botschafter nichts weiter mitzutheilen habe.

A.c.) Das Kissinger Diktat vom 15. Juni 1877

„Ich wünsche, daß wir, ohne es zu auffällig zu machen, doch die Engländer ermutigen, wenn sie Absichten auf Ägypten haben: ich halte es in unserem Interesse und für unsere Zukunft (für) eine nützliche Gestaltung, einen Ausgleich zwischen England und Rußland zu fördern, der ähnliche gute Beziehungen zwischen beiden, wie im Beginn dieses Jahrhunderts, und demnächst Freundschaft beider mit uns in Aussicht stellt. Ein solches Ziel bleibt vielleicht unerreicht, aber wissen kann man das auch nicht. Wenn England und Rußland auf der Basis, daß ersteres Ägypten, letzteres das Schwarze Meer hat, einig würden, so wären beide in der Lage, auf lange Zeit mit Erhaltung des status quo zufrieden zu sein, und doch wieder in ihren größten Interessen auf eine Rivalität angewiesen, die sie zur Teilnahme an Koalitionen gegen uns, abgesehn von den inneren Schwierigkeiten Englands für dergleichen, kaum fähig macht.

Ein französisches Blatt sagte neulich von mir, ich hätte »le cauchemar des coalitions«; diese Art Alp wird für einen deutschen Minister noch lange, und vielleicht immer, ein sehr berechtigter bleiben. Koalitionen gegen uns können auf westmächtlicher Basis mit Zutritt Österreichs sich bilden, gefährlicher vielleicht noch auf russisch-österreichisch-französischer; eine große Intimität zwischen zweien der 3 letztgenannten Mächte würde der dritten unter ihnen jederzeit das Mittel zu einem sehr empfindlichen Drucke auf uns bieten. In der Sorge vor diesen Eventualitäten, nicht sofort, aber im Laufe der Jahre, würde ich als wünschenswerte Ergebnisse der orientalischen Krisis für uns ansehn: 1. Gravitierung der russischen und der österreichischen Interessen und gegenseitigen Rivalitäten nach Osten hin, 2. der Anlaß für Rußland, eine starke Defensivstellung im Orient und an seinen Küsten zu nehmen, und unseres Bündnisses zu bedürfen, 3. für England und Rußland ein befriedigender Status quo, der ihnen dasselbe Interesse an Erhaltung des Bestehenden gibt, welches wir haben, 4. Loslösung Englands von dem uns feindlich bleibenden Frankreich wegen Ägyptens und des Mittelmeers, 5. Beziehungen zwischen Rußland und Österreich, welche es beiden schwierig machen, die antideutsche Konspiration gegen uns gemeinsam herzustellen, zu welcher zentralistische oder klerikale Elemente in Österreich etwa geneigt sein möchten.

Wenn ich arbeitsfähig wäre, könnte ich das Bild vervollständigen und feiner ausarbeiten, welches mir vorschwebt: nicht das irgend eines Ländererwerbes, sondern das einer politischen Gesamtsituation, in welcher alle Mächte außer Frankreich unser bedürfen, und von Koalitionen gegen uns durch ihre Beziehungen zueinander nach Möglichkeit abgehalten werden.“

(Bismarck und die preußisch-deutsche Politik, 1871–1890, hrsg. Michael Stürmer, München 1973. Text Nr. 40, S. 100 f., Deutscher Taschenbuch Verlag.)

A.d.) Schaubild Bündnispolitik

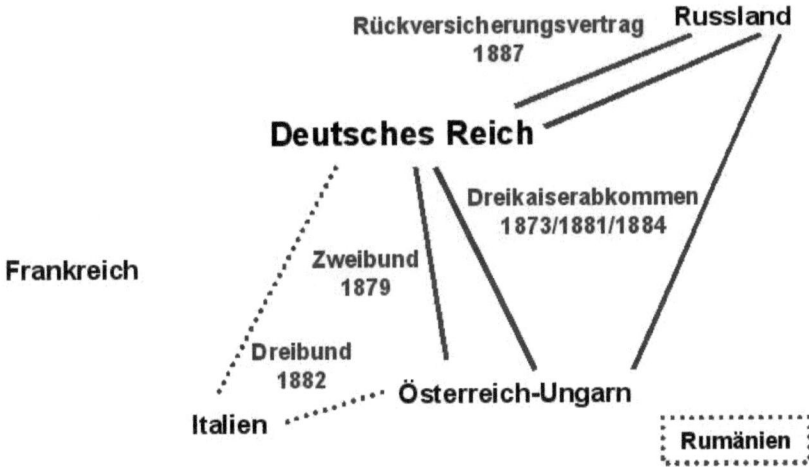

(http://de.wikipedia.org/wiki/Bild:Bündnispolitik_Bismarck.jpg)